QUESTION NOTABLE

EN MATIÈRE

De Partage de Succession

PAR

Benoît MENPONTEL,

Conseiller honoraire à la Cour d'appel de Limoges

USSEL

IMPRIMERIE ADRIEN FAURE

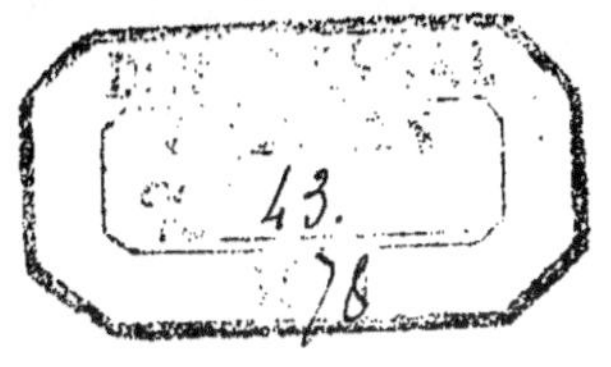

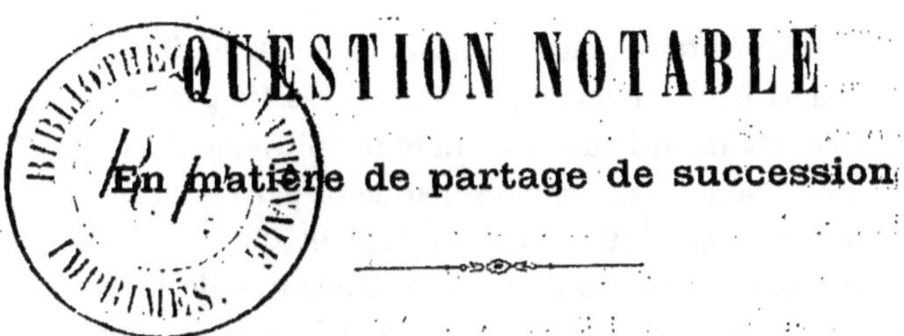

QUESTION NOTABLE

En matière de partage de succession

Lorsque l'un des héritiers se trouve de son chef débiteur d'une personne dont il devient créancier en sa qualité de représentant du défunt, sa part dans la créance héréditaire se compense-t-elle de plein droit, à due concurrence, à l'instant même de l'ouverture de la succession, avec sa dette personnelle?

Un arrêt rendu par la Cour impériale de Limoges, le 19 juin 1863, sous la présidence du savant commentateur et éminent magistrat aujourd'hui premier président de la Cour d'appel de Paris, a résolu cette question d'une manière affirmative, et le pourvoi formé contre cet arrêt a été rejeté par arrêt de la chambre civile de la Cour de cassation, le 4 décembre 1866.

Cette décision se fonde sur l'article 724 du Code civil, qui dispose que les héritiers sont saisis de plein droit des biens, droits et actions du défunt, et sur l'article 1220, aux termes duquel lorsqu'une créance héréditaire est divisible, les héritiers ne peuvent la demander que pour les parts dont ils sont saisis comme représentant le défunt; d'où il suit, selon la décision sus rappelée, que par la combinaison de ce double principe de la saisine et de la divisibilité du droit, chaque héritier a la propriété pleine et absolue de la créance héréditaire, à concurrence de sa part, dès l'ouverture de la succession, et que, conséquemment, la compensation s'opère par la force de la loi, à due concurrence, dès l'instant de l'ouverture de la succession, lorsque l'un des héritiers devient, en cette qualité, créancier d'une personne dont il était personnellement débiteur, et l'extinction de la

créance héréditaire pour la part virile de cet héritier est désormais irrévocablement acquise, et cette part de la créance, étant ainsi valablement et définitivement sortie de la succession, ne peut être atteinte par les articles 832 et 883, ces articles ne s'appliquant qu'aux objets qui doivent s'y trouver ou y être rétablis lors de la formation, la liquidation et le partage de la masse successorale.

Il résulte de cette jurisprudence que l'héritier débiteur du débiteur du défunt peut, malgré lui, obtenir une plus grande part que ses cohéritiers et même deux fois sa part dans la succession. En effet, s'il est tenu à un rapport, s'il ne le réalise pas, s'il est insolvable et si le montant du rapport qu'il doit égale la part lui revenant dans la succession, et la compensation s'opérant de plein droit, à due concurrence, dès l'instant de l'ouverture de la succession, entre sa part dans la créance héréditaire due par une personne dont il était personnellement débiteur et sa dette personnelle, il est clair qu'il obtient, au delà de ce qui lui revient dans la succession, et sans qu'il puisse l'empêcher, la part qui dans la créance héréditaire s'est compensée par la force de la loi avec sa dette personnelle, et, au cas où la part compensée de la créance héréditaire est égale ou supérieure à la part lui revenant dans la succession, part dont il est rempli par le rapport dont il est tenu, il est manifeste qu'il obtient ainsi deux fois sa part et même plus dans la succession.

Ce résultat blesse les trois principes qui dominent tout le titre *Des Successions* dans notre admirable Code civil. Ces principes sont : unité de succession, unité de partage, égalité dans les partages entre héritiers. Contrairement à ces principes, l'une des plus précieuses conquêtes de la Révolution de 1789, il y aurait deux masses de partage et deux partages dans une succession, et l'inégalité dans les partages entre héritiers serait commandée par la loi. Est-il possible de penser que les savants et habiles rédacteurs du Code civil, après avoir soigneusement établi ces principes fondamentaux dans un titre spécial, le plus travaillé, le plus complet, l'un des plus étendus et cependant le plus harmonieusement coordonné dans ses diverses parties, aient voulu, dans un autre titre, celui *Des Contrats ou Obligations conventionnelles en général,* faire à ces principes une dérogation quelconque, surtout une dérogation aussi énorme, par l'article 1220, l'un des huit articles dont l'objet est uniquement d'établir la distinction des obligations divisibles d'avec les obligations indivisibles, d'après Dumoulin, dont le génie avait seul pu débrouiller cette matière confuse et ténébreuse et l'éclairer d'une vive lumière.

Ce n'est pas tout. Le titre *Des Successions* se compose de six chapitres, qui forment un tout parfaitement harmonique. L'idéal des législateurs du Code civil, au chapitre VI, *Du Partage et des Rapports,* est d'organiser le partage de manière qu'il s'opère avec célérité et économiquement, et que, quand il est terminé, chaque copartageant se trouve réellement et intégralement rempli de sa part, avec des valeurs de la succession, et ils ont très-heureusement réalisé cette belle théorie par la rédaction. Il suffit pour s'en convaincre de lire les articles 823, 828, 829, 830, 831 et 842.

S'il est vrai, et cela est ci-dessus irréfutablement démontré que, d'après la jurisprudence des deux arrêts sus rappelés, un héritier peut obtenir deux fois sa part et même plus s'il est tenu à un rapport et qu'il soit insolvable, il est de toute évidence que cette jurisprudence est aussi diamétralement en opposition avec la théorie légale du partage, puisque les autres cohéritiers ne pourront pas être effectivement et totalement remplis de leurs parts par le partage, et qu'ils n'auront, pour en avoir le complément qu'un recours illusoire contre leur cohéritier complétement insolvable.

Pourtant, si l'article 1220 avait toute la portée et la force que lui suppose la double décision judiciaire précitée, il faudrait s'y soumettre, encore qu'il serait une étrange et déplorable distraction des illustres législateurs du Code civil.

Mais j'espère démontrer par des motifs que je ne sache pas qu'on ait déjà même indiqués, j'espère, dis-je, démontrer qu'au moins dans l'hypothèse où le cohéritier débiteur personnel d'un débiteur du défunt est tenu à un rapport qu'il ne doit faire qu'en moins prenant, hypothèse qui, je crois, était celle des deux arrêts ci-dessus visés, l'article 1220 est radicalement inapplicable.

Dans cette hypothèse, la saisine générale de l'article 724 est, sans nul doute, restreinte au montant du rapport, s'il remplit de sa part intégrale dans la succession l'héritier qui le doit, et, en cas d'insuffisance, au supplément nécessaire pour la parfaire. Il serait monstrueux, et cela n'existe donc pas, que la loi dît à l'avancé en l'hoirie : si tu as reçu ta part, de rien autre chose tu n'es saisi et plus rien n'as à prétendre dans l'hoirie, et qu'elle lui dît aussi : quoique tu aies reçu ta part, tu la prendras une seconde fois, même malgré toi.

Quant à l'article 1220, il n'établit point une saisine nouvelle, il se réfère à celle établie au titre *Des successions*, telle qu'elle y est établie, avec la restriction qu'elle subit au cas d'un rapport à faire en moins prenant. Donc, en disposant que les héritiers peuvent demander la créance héréditaire divisible, chacun pour la part dont il est saisi comme représentant le défunt, cette disposition ne s'applique point à ceux d'entr'eux qui, débiteurs d'un rapport qu'ils ne peuvent faire qu'en moins prenant, et étant remplis de leur part dans la succession par le montant de ce rapport, ne sont saisis de quoi que ce soit des autres biens de la succession.

Où trouver place à la compensation entre l'héritier

débiteur d'un rapport en moins prenant, dont le montant égale et dépasse ce qui lui revient dans la succession, et le débiteur de la succession? La compensation est un mode de libération réciproque, mais il faut pour cela deux personnes créancières l'une envers l'autre, et l'héritier débiteur du rapport, ayant été par anticipation intégralement rempli de ce qui lui reviendrait dans la succession, n'a rien à prétendre dans la créance due par son créancier personnel à la succession.

Ces propositions ne peuvent pas, ce me semble, ne pas être juridiques; il peut, néanmoins, ne pas être inutile de les assortir de quelques développements.

L'instant où s'ouvre la succession fixe irrévocablement les valeurs qui la composent, le droit de chaque héritier et détermine sur quelles valeurs et de quelle manière il devra être rempli de sa part.

Dès l'instant de la mort du défunt, la succession se compose de tout ce qui y est afférent, non-seulement de ce qui s'y trouve matériellement, mais de tout ce qui doit y rentrer; l'article 856 en fournit une preuve irréfragable, en disposant que les fruits et les intérêts des choses sujettes à rapport sont dûs à compter du jour de l'ouverture de la succession.

Nul n'oserait soutenir que, par l'effet de la saisine de l'article 724, les héritiers sont saisis indivisiblement de l'ensemble, de chaque parcelle et de chaque atome des objets de la succession, de telle sorte que le partage, ainsi qu'en droit romain, serait, comme par un échange, réciproquement translatif de la propriété des choses formant chaque lot; d'où naissait, aprés le partage, une foule de procès en déclaration d'hypothèques et de recours en garantie. La plus ancienne jurisprudence française, plus soucieuse de l'économie des frais et plus dévouée à la paix des familles, avait établi une règle toute différente, vraiment conforme à l'idée mère du partage qu'il doit remplir complétement et définitivement, en valeurs héréditaires, chaque héritier de sa part. Cette maxime était que le partage est simplement déclaratif de la propriété des choses formant chaque lot; elle a produit l'article 883, qui porte que chaque cohéritier est censé avoir succédé seul et immédiatement à tous les effets compris dans son lot, ou à lui échus sur licitation, et n'avoir jamais eu la propriété des autres effets de la succession.

Notre plus vieux droit coutumier avait une maxime éminemment nationale, et qui était très-populaire, parce qu'elle avait remporté une grande victoire sur le droit féodal; cette maxime était celle-ci : Le mort saisit le vif.

L'article 724 n'est que la reproduction, en termes moins concis et moins énergiques, de cette admirable maxime.

De ce qui vient d'être dit il suit donc que cet article ne saisit chaque héritier, et il l'en saisit dès l'instant de la mort du défunt, que des choses dont sa part dans la succession sera formée, et que si ces valeurs sont déterminées et spécialisées par la loi et qu'il doive les prendre exclusivement par imputation, il n'est saisi d'aucun autre objet dans la succession.

Ces principes sont constants; en voici l'application et la confirmation palpables :

Aux termes formels de l'article 843, tout héritier, même bénéficiaire, venant à une succession, doit rapporter à ses cohéritiers tout ce qu'il a reçu du défunt, par donation entre-vifs, directement ou indirectement; il ne peut retenir les dons, à moins qu'ils ne lui aient été faits expressément par préciput et hors part, ou avec dispense de rapport.

L'article 846 dispose que le donataire qui n'était pas héritier présomptif lors de la donation, mais qui se trouve successible au jour de l'ouverture de la succession, doit également le rapport, à moins que le donateur ne l'en ait dispensé.

Il suit de là que tout don fait directement ou indirectement doit, dans le cas où la personne gratifiée viendrait à la succession du donateur, être considéré comme un avancement d'hoirie, s'il n'a pas été fait avec dispense de rapport.

L'avancement d'hoirie est la délibation anticipée de tout ou partie de la part héréditaire du donataire dans la succession future du donateur; il est soumis au rapport en nature ou au rapport en moins prenant. Dans ce dernier cas, l'héritier à qui il a été fait est tenu de l'imputer sur sa part et s'il s'en trouve ainsi entièrement investi, il est sans nulle saisine sur les autres valeurs successorales.

Cette proposition se justifie pleinement par les dispositions rapprochées et combinées des articles 858, 859, 860, 868, 869, 828, 829, 830 et 831.

Art. 858. Le rapport se fait en nature ou en moins prenant.

Art. 859. Il peut être exigé en nature, à l'égard des immeubles, toutes les fois que l'immeuble donné n'a pas été aliéné par le donataire, et qu'il n'y a pas, dans la succession, d'immeubles de même nature, valeur et bonté, dont on puisse former des lots à peu près égaux, pour les autres cohéritiers.

On voit déjà, par l'hypothèse que prévoit cet article, que la loi considère comme une avance sur la succession l'immeuble donné, puisque l'héritier à qui il a été donné le conserve par imputation ou attribution et sans la voie du sort, si la succession renferme d'autres immeubles de même nature, valeur et bonté, dont on puisse former des lots à peu près égaux pour les autres cohéritiers.

Mais les articles 860, 868 et 869 sont une preuve tout à fait évidente que les avancements d'hoirie sont une remise anticipée de tout ou partie de ce que l'on aura dans l'hoirie, et que s'ils remplissent intégralement de leurs parts les héritiers qui les ont reçus, ces héritiers n'ont aucune saisine sur les autres biens de la succession.

Art. 860. Le rapport n'a lieu qu'en moins prenant, quand le donataire a aliéné l'immeuble avant l'ouverture de la succession : il est dû de la valeur de l'immeuble à l'époque de l'ouverture.

Art. 868. Le rapport du mobilier ne se fait qu'en moins prenant. Il se fait sur le pied de la valeur du mobilier lors de la donation, d'après l'état estimatif annexé à l'acte ; et, à défaut de cet état, d'après une estimation par experts, à juste prix et sans crue.

Le législateur déclarant formellement, dans les cas prévus par ces deux articles, que le rapport n'a lieu ou ne se fait qu'en moins prenant, l'héritier donataire ne peut être admis à offrir un rapport en nature, ni ses cohéritiers ne peuvent l'exiger.

Aux termes de l'article 869, le rapport de l'argent donné se fait en moins prenant dans le numéraire de la succession, et, en cas d'insuffisance ou d'inexistence de numéraire dans la succession et à défaut par le donataire de compléter ou d'effectuer le rapport par du numéraire versé comptant dans la masse, le rapport se fait en moins prénant dans le mobilier, et à défaut de mobilier, dans les immeubles de la succession.

Il faut voir maintenant de quelle manière, par la plus heureuse organisation pour la simplicité et la prompte et économique perfection du partage, les règles fondamentales du rapport qui viennent d'être rappelées s'exécutent par l'application des articles 828, 829 et 830, dont les dispositions sont des règles essentielles du partage.

Art. 828. Après que les meubles et immeubles ont été estimés et vendus, s'il y a lieu, le juge commissaire renvoie les parties devant un notaire dont elles conviennent, ou nommé d'office, si les parties ne s'accordent pas sur le choix. — On procède, devant cet officier, aux comptes que les copartageants peuvent se devoir, à la formation de la masse générale, à la composition des lots et aux fournissements à faire à chacun des copartageants.

Aux termes de l'article 829, chaque cohéritier fait rapport à la masse, suivant les règles que j'ai déjà rappelées, des dons qui lui ont été faits et des sommes dont il est débiteur.

Art. 830. Si le rapport n'est pas fait en nature, les cohéritiers à qui il est dû prélèvent une portion égale sur la masse de la succession. — Les prélèvements se font, autant que possible, en objets de même nature, qualité et bonté, que les objets non rapportés en nature.

Il est à l'abri du moindre doute que ces prélèvements s'effectuent et ne peuvent s'effectuer que par voie d'attribution; car, d'après l'article 831, il n'y a lieu à composition de lots que sur ce qui reste dans la masse. Donc, si la masse est épuisée par les prélèvements, le partage est terminé. Peut-il désormais ne pas être de toute évidence que les avancements d'hoirie sont la délivrance anticipée de tout ou partie de ce que les héritiers qui les auront reçus ont à prétendre dans la succession, et que s'ils les remplissent intégralement de leurs parts et qu'ils ne soient rapportables qu'en moins prenant, la saisine de ces héritiers ne s'étend nullement sur les autres valeurs de la succession?

On fait remonter à une loi des Douze-Tables et à une autre loi romaine la prétendue disposition de l'article 1220 par laquelle le partage des créances héréditaires serait opéré de plein droit et irrévocablement dès l'instant de l'ouverture de la succession. Ces deux lois sont, en effet, ainsi conçues : « Nomina inter heredes, pro portionibus hereditariis, ercta cita sunto. — Nomina non veniunt in judicio familiæ erciscondæ. »

On aurait dû ne pas manquer de faire remarquer qu'en droit romain les actions héréditaires étaient cependant ôtées à l'héritier qui ne faisait pas le rapport auquel il était tenu.

Suivant l'article 831, ai-je dit, il n'y a lieu à composition de lots que sur ce qui reste dans la masse après les prélèvements prescrits par l'article 830. Ceci m'amène à faire les observations suivantes, qui me paraissent dignes d'attention.

Après avoir déclaré dans l'article 819 que si tous les héritiers sont présents et majeurs, le partage peut être fait dans la forme et par tel acte que les parties intéressées jugent convenable, les législateurs du Code civil formulent avec le plus grand soin, beaucoup de précision et la plus grande clarté, les règles organiques du partage judiciaire dans les articles suivants, et témoignent expressément qu'ils attachent la plus grande importance à la stricte exécution de ces règles, par la disposition de l'article 840, lequel est ainsi conçu : « Les partages faits conformément aux règles ci-dessus prescrites, soit par les tuteurs, avec l'autorisation du conseil de famille, soit par les mineurs émancipés, assistés de leurs curateurs, soit au nom des absents ou non présents, sont définitifs ; ils ne sont que provisionnels, si les règles prescrites n'ont pas été observées.

D'après les articles 828, 829, 830 et 831, le lotissement, c'est-à-dire la composition, le tirage au sort des lots et leur délivrance doivent être nécessairement précédés de la liquidation prescrite par les articles 828, 829 et 830; car cette liquidation ayant pour but de déterminer et pour résultat de réaliser les prélèvements à faire par certains des cohéritiers, il peut arriver et il n'est point très-rare qu'il arrive que ces prélèvements absorbent tous les biens extants dans la succession, et alors le partage est accompli.

Il me semble que par ce qui précède il est plus que suffisamment démontré que lorsqu'il y a lieu à liquidation et prélèvements, la composition des lots ne peut être faite qu'après ces opérations, et sur ce qui reste dans la masse successorale; mais, comme cette règle fondamentale du partage judiciaire est trop en oubli, sinon en dédain, et qu'une sorte de nuit paraît l'envelopper, il ne sera pas superflu que je mette sous les yeux l'article 831 du Code civil et les article 975, 976, 978 et 979 du Code de procédure :

Art. 831 du Code civil. Après ces prélèvements, il est procédé sur ce qui reste dans la masse, à la composition d'autant de lots égaux qu'il y a d'héritiers copartageants ou de souches copartageantes.

Art. 975 du Code de procédure. Si la demande en partage n'a pour objet que la division d'un ou plusieurs immeubles sur lesquels les droits des intéressés soient déjà liquidés, les experts, en procédant à l'estimation, composeront les lots ainsi qu'il est prescrit par l'article 466 du Code civil, et, après que leur rapport aura été entériné, les lots seront tirés au sort, soit devant le juge commissaire, soit devant le notaire déjà commis par le tribunal, aux termes de l'article 969.

Art. 976. Dans tous les autres cas, et notamment lorsque le tribunal aura ordonné le partage, sans faire procéder à un rapport d'experts, le poursuivant fera sommer les copartageants de comparaître, au jour indiqué, devant le notaire commis, à l'effet de procéder au compte, rapport, formation de masse, prélèvements, composition de lots et fournissements, ainsi qu'il est ordonné par le Code civil, article 828. — Il en sera de même après qu'il aura été procédé à la licitation, si le prix de l'adjudication doit être confondu avec d'autres objets, dans une masse commune de partage, pour former la balance entre les divers lots.

Art. 978. Lorsque la masse du partage, les rapports et prélèvements à faire par chacune des parties intéressées auront été établis par le notaire, suivant les articles 829, 830 et 831 du Code civil, les lots seront faits par l'un des héritiers s'ils sont majeurs, s'ils s'accordent sur le choix, et si celui qu'ils auront choisi accepte la commission; dans le cas contraire, le notaire, sans qu'il soit nécessaire d'aucune autre procédure, renverra les parties devant le juge commissaire, et celui-ci nommera un expert.

Art. 979. Le cohéritier choisi par les parties, ou l'expert nommé pour la formation des lots, en établira la composition par un rapport qui sera reçu et rédigé par le notaire à la suite des opérations précédentes.

Ce n'est donc uniquement que quand la demande en partage n'a pour objet que la division d'un ou plusieurs immeubles, sur lesquels les droits des cohéritiers sont déjà liquidés, que les experts, en procédant à l'estimation, s'ils reconnaissent que la division est possible commodément, peuvent composer les lots, et que, immédiatement après l'entérinement de leur rapport par le tribunal, il est procédé au tirage des lots, soit devant le juge commissaire, soit devant le notaire déjà commis, lequel en fait la délivrance aussitôt après le tirage.

Mais s'il y a lieu à comptes entre les cohéritiers, à rapports et à prélèvements, et il en est presque toujours ainsi, la formation des lots est expressément renvoyée après ces opérations et pour le cas seulement où la masse du partage ne sera pas entièrement épuisée par les prélèvements.

Ce n'est pas que les immeubles ne puissent être estimés avant ces opérations, si le tribunal le juge nécessaire, et il convient qu'ils le soient ordinairement, parce que l'estimation servira d'abord pour les prélèvements et ensuite, si la masse n'est pas épuisée, pour la formation des lots par le cohéritier choisi par les parties, ou l'expert nommé par le juge commissaire. Mais l'expert ou les experts chargés de l'estimation doivent rigoureusement s'abstenir de composer des lots : ils doivent absolument se borner, selon le vœu de l'article 824 du Code civil, à l'estimation, à en présenter les bases, à vérifier, pris égard aux prélèvements probables à effectuer et aux lots à former après ces prélèvements, si les immeubles peuvent être commodément partagés, de quelle manière, et à fixer enfin, en cas de division, chacune des parts qu'on peut en former et leur valeur (les mots part et lot sont loin, dans l'esprit dudit article, d'être synonymes : *part* signifiant une fraction d'un objet déterminé, *lot* signifiant l'intégralité de la portion d'un copartageant dans une masse de partage).

C'est donc, très-évidemment, une règle nécessaire du partage judiciaire, impérieusement prescrite par la loi, qu'il ne peut être procédé à la formation des lots qu'après qu'il a été procédé aux comptes, rapports et prélèvements que se doivent les cohéritiers, et tout autant que la masse n'est pas absorbée par les prélèvements.

Cette règle est d'un intérêt supérieur d'ordre social. En effet, par sa stricte exécution, le partage s'opère avec simplicité, célérité et économie, et un autre avantage inappréciable est produit, c'est un prompt retour de l'union dans la famille, troublée pendant l'instance. Enfin, cette règle est la suprême sanction du principe de l'égalité dans les partages entre héritiers.

Néanmoins, dans la pratique, devant les tribunaux du ressort de la Cour d'appel de Limoges et probablement devant les tribunaux d'autres ressorts, d'après un usage depuis longtemps établi et qui se perpétue par habitude, l'expert ou les experts nommés par le tribunal, en conformité de l'article 824 du Code civil, pour estimer les immeubles, en forment, s'ils les reconnaissent commodément divisibles, des lots, selon le nombre et la qualité des copartageants, et sur les conclusions conformes des avoués de la cause, le tribunal, en homologuant le rapport, ordonne le tirage au sort des lots, devant lui, et fait la délivrance des lots aussitôt après le tirage. Ce n'est que ultérieurement que les copartageants sont appelés, pour la liquidation, devant le notaire commis par le tribunal.

Voilà chacun des cohéritiers définitivement investi et déclaré propriétaire de son lot des immeubles, et si l'un des cohéritiers est préciputaire, le voilà, en outre, investi et déclaré propriétaire définitif de son lot des immeubles en cette qualité! et les immeubles, c'est le cas le plus habituel dans les instances en partage dans nos contrées, composent entièrement ou presque entièrement tout le patrimoine du défunt, à son décès.

Cependant, plusieurs des copartageants sont débiteurs de rapports qu'ils ne peuvent faire qu'en moins prenant ou ne font pas en nature, et il n'est pas rare que le rapport dû par quelqu'un de ces copartageants égale et même dépasse la part lui revenant dans la succession, et que ce copartageant soit complétement insolvable. Comment les copartageants auxquels les rapports sont dus obtiendront-ils satisfaction devant le notaire? Ce ne peut plus être par des prélèvements, ce mode si simple et si naturel, prescrit en termes si clairs et si formels par la loi. — Certes, il est tout à fait naturel que lorsque quelques-uns des cohéritiers ont reçu chacun, par anticipation, du défunt une avance sur la succession et la conservent forcément ou volontairement, les autres cohéritiers non avancés en la succession prélèvent chacun sur la masse de la succession une portion égale à cette avance. — Le notaire liquidera chaque rapport dû et ce qui en revient à chacun des cohéritiers à qui les rapports sont dus; mais, au lieu d'une perception actuelle et réelle, à titre successoral, en biens héréditaires, pour le montant de ce qui lui est dû dans chaque rapport à faire, chacun des cohéritiers auxquels les rapports sont dus n'aura qu'une créance, privilégiée sans doute, mais évidemment sujette, outre beaucoup de désagréments pénibles, à une perte plus ou moins considérable, au moins quant aux cohéritiers débiteurs de rapports, qui sont insolvables.

Les copartageants débiteurs de rapports consentent-ils, devant le notaire commis, à céder pour s'en libérer, à ceux à qui ils sont dus, tout ou partie de leurs lots des immeubles, ce sont là des acquisitions ordinaires et par suite accroissement de frais; d'ailleurs, le plus souvent, les débiteurs de rapports, surtout les insolvables, préfèrent s'exposer à des poursuites rigoureuses et même à souffrir l'expropriation forcée de leurs lots, se moquant d'en être infâmés, plutôt que de consentir, devant le notaire, à les céder amiablement en tout ou partie, en ayant été ensaisinés par justice, et voulant impunément en percevoir et consommer les fruits le plus longtemps possible. Aussi, des difficultés et des tiraillements incessants et inévitables rendent la liquidation très-lente, très-difficile à terminer et énormément dispendieuse; et, en attendant, la discorde agite la famille, ce qui est un malheur pour la paix sociale.

Des inconvénients nombreux et des plus graves résultent incontestablement de l'inobservation des règles prescrites par la loi pour le partage judiciaire des successions.

Un très-notable inconvénient est que, d'après la disposition de l'article 840 du Code civil, quand des incapables sont parties dans une instance en partage de succession, le partage n'est que provisionnel, si les règles prescrites n'ont pas été observées, c'est-à-dire que l'indivision, cette ennemie de la propriété, continue de subsister tant que les incapables n'ont pas fait opérer, à nouveaux frais communs, un partage judiciaire définitif, ou laissé expirer, sans provoquer en justice un partage définitif, le temps qui leur est accordé à cette fin.

Toutefois, malgré l'évidente et très-grande importance de l'exacte observation des règles prescrites pour les partages judiciaires de successions, il ne me semble pas possible, en présence de l'article 840 du Code civil, que la magistrature puisse d'office assurer l'exécution de ces règles et proscrire l'usage, très-abusif et dommageable, qui en a pris arbitrairement la place; mais les avoués de la cause, dans une instance en partage de succession, peuvent facilement toujours, et ils le feront, parce que c'est leur devoir et qu'ils tiendront à honneur de l'accomplir, mettre le tribunal à même de faire observer ces règles ; il suffira que les avoués des cohéritiers auxquels des rapports sont dus, et particulièrement l'avoué du cohéritier détenteur des biens extants dans la succession, lequel est ordinairement préciputaire, avertissent leurs clients que, pour le montant intégral des rapports qui leur sont dus, non-seulement la loi autorise mais exige expressément qu'avant toute formation de lots, ils exercent, à due concurrence, des prélèvements sur la masse de la succession, voire même sur les immeubles, jusqu'à épuisement. Ces cohéritiers, il ne faut pas en douter, seront heureux de la révélation de cette loi, dont l'existence leur était cachée par l'éclipse totale qu'un usage contraire lui avait pendant longtemps fait subir, et ils insisteront auprès de leurs avoués pour qu'ils concluent à la stricte observation de la loi.

Et, dès lors, n'oseront plus se produire en justice ces prétendues demandes en partage de succession qui ne sont qu'un audacieux et misérable chantage.

Benoît MENPONTEL,
Conseiller honoraire à la Cour d'appel de Limoges.

Le Chassaing, commune de Chaveroche,
près Ussel (Corrèze), le 4 mai 1878.

Ussel, imprimerie Adrien Faure.

www.ingramcontent.com/pod-product-compliance
Lightning Source LLC
LaVergne TN
LVHW020514230826
846091LV00008BA/3483

* 9 7 8 2 0 1 9 2 9 5 7 4 5 *